EMPREENDEDORISMO
Saudável

Passos Iniciais para Empreender
no Setor que Transforma Vidas!

Fernando de Almeida Santos

FERNANDO DE ALMEIDA SANTOS

EMPREENDEDORISMO SAUDÁVEL - PASSOS INICIAIS PARA EMPREENDER NO SETOR QUE TRANSFORMA VIDAS

Coordenação editorial:
Gilson Mello

Projeto gráfico:
Flórida Business Academy

Correção, revisão e copidesque:
Flórida Business Academy

Direção Geral:
Gilson Mello

Todos os direitos reservados e protegidos pela Lei nº 9.610, de 19/02/1998.

É expressamente proibida a reprodução total ou parcial deste livro, por quaisquer meios (eletrônicos, mecânicos, fotográficos, gravação e outros), sem prévia autorização por escrito da editora.

Primeira edição 2024

Dados Internacionais de Catalogação na Publicação (CIP)
De Almeida Santos, Fernando
Empreendedorismo saudável –
passos iniciais para empreender no setor que transforma vidas
Fernando de Almeida Santos; Orlando-FL: Flórida Business Academy Motivação, 2024.
129 p.
ISBN: 9798327862074
1. Negócios 2. Realização pessoal. 3. Sucesso

Sumário

Prefácio -- 05

Introdução --- 11

Capítulo 1:

A Jornada do Empreendedor ------------------------------------- 19

Capítulo 2:

Planejamento e Estratégia -------------------------------------- 31

Capítulo 3:

Estruturação do Negócio --- 45

Capítulo 4:

Financiamento e Investimento --------------------------------- 59

Capítulo 5:

Marketing e Branding --- 71

Capítulo 6:

Construindo uma Equipe de Sucesso ------------------------- 83

Capítulo 7:

Operações e Logística -- 93

Capítulo 8:

Saúde e Bem-Estar no Empreendedorismo ----------------- 101

Capítulo 9:

Superando Desafios e Adversidades ------------------------- 109

Capítulo 10:

Visão de Futuro e Expansão ------------------------------------ 117

Conclusão --- 125

PREFÁCIO

FERNANDO DE ALMEIDA SANTOS

Ao longo da minha vida, uma coisa sempre ficou clara: o poder transformador do esporte. Não importa de onde você vem, qual é a sua história ou quais são os seus desafios, o esporte tem a capacidade única de nos ensinar lições valiosas sobre disciplina, resiliência, e superação. Este livro é o resultado de uma jornada de décadas, onde essas lições se entrelaçam com a minha paixão pelo empreendedorismo.

Eu sou Fernando de Almeida Santos, nascido e criado na cidade de Diadema, em São Paulo. Minha trajetória começou de forma simples, como um garoto que amava praticar esportes nas aulas de Educação Física. Ao longo dos anos, esse amor pelo esporte evoluiu e se transformou, guiando-me por caminhos que eu nunca poderia ter imaginado. Do campo de futebol às fileiras da Polícia Militar, e finalmente ao mundo dos negócios, cada etapa da minha vida foi moldada por uma busca incessante por crescimento e excelência.

Quando fundei a 131 CrossFit, meu objetivo era claro: criar um espaço onde as pessoas pudessem não apenas treinar seus corpos, mas também encontrar um sentido maior em suas vidas através da atividade física. A 131 CrossFit nasceu do desejo de combinar minha experiência no esporte e na segurança pública com a minha paixão por ajudar os outros. Aqui, cada aluno é tratado como parte de uma grande família, e cada conquista, por menor que seja, é celebrada.

Este livro é uma extensão dessa missão. *"Empreendedorismo Saudável: Passos Iniciais para Empreender no Setor que Transforma Vidas"* não é apenas um guia para aqueles que desejam entrar no mundo do fitness, mas também um testemunho do que é possível alcançar quando seguimos nossa paixão com determinação e coragem. Compartilho aqui minhas experiências, os desafios que enfrentei e as estratégias que me ajudaram a superar obstáculos e a alcançar o sucesso.

Espero que ao ler este livro, você encontre inspiração para seguir sua própria paixão e coragem para enfrentar os desafios que surgirem no caminho. Lembre-se de que o empreendedorismo, assim como o esporte, exige dedicação, disciplina e um desejo constante de aprender e crescer. Se você mantiver esses princípios em mente, poderá transformar não apenas sua própria vida, mas também a vida de todos ao seu redor.

Obrigado por embarcar nesta jornada comigo. Vamos juntos descobrir o poder transformador do empreendedorismo saudável.

Fernando de Almeida Santos

FERNANDO DE ALMEIDA SANTOS

INTRODUÇÃO

FERNANDO DE ALMEIDA SANTOS

Tomar a decisão de me tornar empresário no setor de fitness foi uma das escolhas mais significativas e transformadoras da minha vida. Desde a infância, percebi que o esporte desempenhava um papel fundamental na minha existência, sempre incentivado e apoiado pelos meus pais. Neste capítulo, compartilharei detalhes da minha trajetória, a importância de encontrar minha verdadeira paixão e como dei os primeiros passos no mundo do fitness.

Filho de José de Souza Santos e Marilene de Almeida Santos, devo muito a eles pelo suporte e direcionamento que me proporcionaram ao longo da vida. Casado há 20 anos com minha maravilhosa esposa, Fernanda Morando dos Santos, somos pais orgulhosos de duas filhas incríveis, Laryssa, de 20 anos, e Alicia, de 12 anos. Minha trajetória é marcada por um amor profundo pelo esporte e um compromisso constante com o bem-estar e a saúde, tanto minha quanto das pessoas ao meu redor.

Encontrar e seguir minha paixão foi um ponto de virada crucial na minha vida. Desde as primeiras aulas de Educação Física na Escola Estadual Oswaldo Lacerda Gomes Cardim, em Diadema, senti uma conexão especial com o esporte. Participar dessas atividades não só me trouxe alegria, mas também me ensinou disciplina e foco, características que me acompanharam por toda a vida. Meus pais sempre me incentivaram a buscar aquilo que realmente me fazia feliz, e foi através do esporte que encontrei um caminho saudável e produtivo que moldou minha personalidade e me preparou para os desafios futuros.

Minha entrada no setor de fitness começou de maneira informal, mas com uma paixão que só crescia. Após várias tentativas de ingressar na vida esportiva profissional, especialmente no futebol, e um breve período de alistamento no Exército Brasileiro, minha vida deu uma guinada ao conhecer um policial militar que me inspirou a seguir uma carreira na Polícia Militar do Estado de São Paulo. Passei no concurso e comecei minha carreira como soldado em 2001. Durante meu tempo na polícia, percebi a importância do condicionamento físico não só para a saúde, mas também para o desempenho profissional.

Com o tempo, essa percepção me levou a buscar uma formação acadêmica em Educação Física, onde aprendi sobre biomecânica, fisiologia do exercício e a importância de uma boa alimentação. Essas experiências foram fundamentais para que eu fundasse a 131 CrossFit, um espaço onde posso combinar minha paixão pelo esporte com minha dedicação ao bem-estar das pessoas. Aqui, consigo ajudar outros a encontrarem o mesmo senso de propósito e satisfação que o esporte me trouxe.

Desde muito cedo, o esporte teve um papel transformador na minha vida. As experiências que vivi no mundo esportivo moldaram minha personalidade, me ensinaram lições valiosas e prepararam o terreno para tudo o que viria a seguir.

Envolvimento inicial com o esporte

Minha paixão pelo esporte começou nas aulas de Educação Física. Foi lá que descobri o quanto gostava de me movimentar, competir e aprender novas habilidades físicas. Cada aula era uma oportunidade de me desafiar e crescer, e eu aproveitava ao máximo cada momento.

Durante minha infância e adolescência, o esporte era mais do que uma atividade extracurricular; era uma parte fundamental da minha vida. Lembro-me das inúmeras tardes jogando futebol com os amigos no bairro e das competições escolares que me enchiam de entusiasmo. Essas experiências não só me proporcionavam diversão, mas também me ensinavam a importância do trabalho em equipe, da disciplina e da resiliência.

Na adolescência, minha paixão pelo esporte só cresceu. Continuei a praticar diversas modalidades, sempre com o apoio e incentivo dos meus pais. Eles acreditavam no poder do esporte para moldar o caráter e me deram todo o suporte necessário para seguir meus sonhos. Foi durante esses anos que percebi que o esporte não era apenas um hobby, mas uma verdadeira paixão que poderia guiar minha vida.

Papel do esporte no desenvolvimento pessoal

O esporte teve um papel crucial no meu desenvolvimento pessoal. A disciplina que aprendi treinando e competindo se refletia em todas as áreas da minha vida. O foco necessário para aprimorar minhas habilidades esportivas me ajudou a desenvolver uma mentalidade determinada e resiliente. Cada desafio superado, cada vitória e até mesmo cada derrota, contribuíram para moldar a pessoa que me tornei.

O esporte me ensinou que, com dedicação e esforço, é possível alcançar grandes coisas. Esse aprendizado foi fundamental quando decidi ingressar na Polícia Militar e, mais tarde, quando iniciei minha jornada como empresário no setor de fitness. As lições de disciplina, foco e resiliência que aprendi através do esporte me deram a base necessária para enfrentar os desafios da vida profissional e pessoal.

Enquanto escrevo este livro, fico impressionado com o impacto profundo que o esporte teve na minha vida. Ele não só me proporcionou uma carreira e um propósito, mas também me ajudou a desenvolver valores fundamentais que carrego comigo até hoje. Nos próximos capítulos, continuarei a explorar como esses valores me guiaram ao longo da minha jornada no setor de fitness, conectando as experiências passadas com as conquistas presentes e os objetivos futuros.

CAPÍTULO 01

A Jornada do Empreendedor

FERNANDO DE ALMEIDA SANTOS

Desde cedo, o esporte ocupou um lugar especial na minha vida. Crescendo em Diadema, São Paulo, passei grande parte da minha infância e adolescência nos campos de futebol, sonhando em me tornar um jogador profissional. Esse sonho me levou a buscar oportunidades, enfrentar desafios e desenvolver uma disciplina que seria fundamental para minha trajetória.

"Escolha um trabalho que você ama e você nunca terá que trabalhar um dia na sua vida." - Confúcio

Lembro-me claramente das tardes ensolaradas, jogando futebol com meus amigos no bairro. Cada jogo era uma nova oportunidade de me testar, de empurrar meus limites e de aprender a trabalhar em equipe. Mesmo nas partidas mais acirradas, havia uma sensação de camaradagem e um espírito de competição saudável que me motivavam a dar o meu melhor.

O futebol não era apenas um esporte para mim; era uma paixão que alimentava meus sonhos e moldava meu caráter. Meus pais sempre me incentivaram a seguir minha paixão, lembrando-me constantemente de que o esforço e a dedicação eram as chaves para o sucesso. Eles acreditavam que, através do esporte, eu poderia aprender lições valiosas que se aplicariam a todas as áreas da minha vida.

No colégio, participava de todas as atividades esportivas possíveis. As aulas de Educação Física eram, sem dúvida, as minhas favoritas. Nessas aulas, não só aprimorava minhas habilidades técnicas, mas também desenvolvia uma disciplina rigorosa e um compromisso com a excelência. Aprendi a importância do treinamento regular, do foco nos objetivos e da perseverança, mesmo quando os resultados não vinham imediatamente.

Foi essa paixão pelo esporte que me ensinou a importância da resiliência. Houve muitos momentos em que as derrotas e os contratempos poderiam ter me desanimado, mas em vez disso, eles serviram como combustível para meu fogo interno. Cada obstáculo era uma oportunidade de aprender, crescer e melhorar.

Acredito firmemente que a paixão pelo esporte plantou as sementes do empreendedorismo em mim. O desejo de ser o melhor, de superar desafios e de nunca desistir, formou a base sobre a qual construiria minha futura carreira. Essa paixão não só me direcionou no caminho do futebol, mas também me preparou para os muitos desafios que enfrentaria como empreendedor.

À medida que avançamos neste livro, você verá como essas lições aprendidas nos campos de futebol de Diadema se aplicaram diretamente ao mundo dos negócios. A jornada do empreendedorismo, assim como o esporte, exige dedicação, esforço constante e uma paixão inabalável. E foi essa paixão, cultivada desde cedo, que me guiou em cada passo do caminho.

Transição para a Polícia Militar

"É nos momentos de decisão que seu destino é moldado."
- Tony Robbins

Embora meu sonho de me tornar um jogador de futebol profissional não tenha se concretizado, a paixão pelo esporte me conduziu a novos caminhos. Acredito que as experiências e lições aprendidas nos campos de futebol me prepararam para enfrentar qualquer desafio que a vida pudesse me apresentar. Aos 18 anos, após ser dispensado do alistamento obrigatório no Exército Brasileiro, encontrei uma nova oportunidade que mudaria minha trajetória para sempre.

Durante uma conversa casual com um policial militar, fui inspirado pela sua dedicação e pelo impacto positivo que ele tinha na comunidade. Esse encontro me fez refletir sobre como eu poderia usar minha disciplina e determinação em um novo campo. Decidi prestar o concurso para a Polícia Militar do Estado de São Paulo, e após muito estudo e preparação, passei no concurso e comecei minha carreira como soldado em 2001.

A transição para a vida militar foi desafiadora, mas também extremamente gratificante. A disciplina e o foco que aprendi no esporte foram fundamentais para superar os rigores do treinamento e os desafios diários da vida militar. Desde os primeiros dias de treinamento, percebi que as habilidades de liderança, resiliência e tomada de decisão rápida que havia desenvolvido no esporte seriam inestimáveis na minha nova carreira.

O treinamento militar exigia uma combinação de força física, resistência mental e capacidade de trabalhar em equipe. Cada exercício, cada missão e cada desafio eram oportunidades para aplicar as lições do esporte em um novo contexto. A capacidade de manter a calma sob pressão, tomar decisões rápidas e liderar pelo exemplo eram habilidades cruciais que fui aperfeiçoando ao longo do tempo.

Durante minha carreira na Polícia Militar, enfrentei situações que testaram meus limites e me forçaram a crescer. Lembro-me de muitas noites em patrulha, enfrentando condições adversas e situações imprevisíveis. Mas, assim como no esporte, cada desafio superado me dava mais confiança e me preparava melhor para o próximo.

A vida militar também me ensinou a importância da resiliência. Houve momentos de adversidade, tanto física quanto emocional, que poderiam ter me derrubado. No entanto, a determinação que desenvolvi ao longo dos anos, primeiro no esporte e depois na Polícia Militar, me permitiu perseverar. Aprendi a importância de levantar após cada queda, de aprender com cada erro e de continuar avançando, independentemente das circunstâncias.

Essa experiência na Polícia Militar foi crucial para moldar meu caráter e desenvolver habilidades que seriam fundamentais na minha jornada como empreendedor. A liderança, a capacidade de tomar decisões sob pressão e a resiliência são qualidades que transferi diretamente para o mundo dos negócios. Cada dia na Polícia Militar foi um dia de aprendizado e crescimento, preparando-me para os desafios que viriam ao fundar e gerir a 131 CrossFit.

A transição para a Polícia Militar foi um ponto de virada significativo na minha vida, proporcionando uma base sólida de habilidades e valores que continuam a guiar meu caminho até hoje.

Empreendendo no Setor de Fitness

"Empreendedorismo é viver alguns anos da sua vida como a maioria das pessoas não viveria para que você possa passar o resto da sua vida como a maioria das pessoas não pode." - Anônimo

A transição para o empreendedorismo no setor de fitness foi um passo natural na minha jornada. As habilidades e valores que aprendi tanto no esporte quanto na Polícia Militar foram essenciais para fundar minha própria academia de CrossFit. A determinação, a disciplina e a capacidade de liderança que desenvolvi ao longo dos anos me deram a base sólida necessária para enfrentar os desafios de iniciar um negócio.

A ideia de criar a academia surgiu da minha paixão pelo fitness e do desejo de ajudar as pessoas a alcançarem seus objetivos de saúde e bem-estar. Identificar oportunidades e seguir meus sonhos, mesmo diante das adversidades, foi crucial para o sucesso do empreendimento. Lembro-me de noites em claro, planejando cada detalhe, desde o local ideal até o tipo de equipamentos necessários e a estrutura dos programas de treinamento.

Minha trajetória empreendedora também foi marcada por encontros significativos. Conheci Renan Murta, meu futuro sócio na 131 CrossFit, em uma academia de natação. Eu estava treinando para o triatlo, e nossa paixão compartilhada pelo esporte nos aproximou. Participamos juntos de várias provas de biatlo e corrida de rua, o que solidificou nossa amizade e parceria no esporte.

Trabalhamos juntos em diversas ocasiões, desde academias até assessorias de corrida de rua. Nosso primeiro treino de CrossFit também foi uma experiência compartilhada, e desde então, nossa parceria só se fortaleceu. Quando Renan começou a trabalhar na CrossFit São Bernardo, eu logo me juntei a ele, e mais tarde, surgiu a oportunidade de criar algo nosso. Após a dissolução de uma sociedade anterior, Renan e eu decidimos abrir a 131 CrossFit.

A fundação do negócio não foi isenta de desafios. Houve momentos em que os obstáculos pareciam intransponíveis, mas a resiliência e a capacidade de adaptação que aprendi na Polícia Militar me ajudaram a persistir. Cada decisão tomada, cada estratégia implementada, foi resultado de uma combinação de experiência prática e aprendizado contínuo.

Um dos momentos mais decisivos foi a escolha do local para a academia. Sabíamos que a localização seria fundamental para atrair e reter clientes. Após muita pesquisa e visitas a diversos espaços, encontramos o local perfeito que não só atendia às nossas necessidades logísticas, mas também estava situado em uma comunidade que se beneficiaria grandemente de nossos serviços.

A construção da equipe também foi um aspecto crucial. Recrutar e treinar os melhores profissionais para trabalhar conosco foi essencial para garantir que nossos alunos recebessem o melhor atendimento e orientação. Cada membro da equipe foi escolhido não apenas por suas habilidades técnicas, mas também por sua paixão pelo fitness e pelo compromisso com o bem-estar dos alunos.

Além disso, desenvolver uma estratégia de marketing eficaz foi vital para o crescimento do negócio. Utilizamos ferramentas digitais e redes sociais para promover a academia, compartilhar histórias de sucesso e engajar com nossa comunidade. O feedback positivo dos nossos clientes e o crescimento constante da nossa base de alunos foram provas de que estávamos no caminho certo.

Empreender no setor de fitness não é apenas sobre criar um negócio; é sobre transformar vidas. Ver a evolução dos nossos alunos, desde a melhora na saúde física até o aumento da confiança e autoestima, é uma recompensa inestimável. Cada história de sucesso, cada meta alcançada por um aluno, reforça minha crença no poder do fitness e na importância do nosso trabalho.

Ao seguir meus sonhos e enfrentar adversidades com determinação, consegui moldar uma trajetória inspiradora que serve como exemplo para aqueles que desejam empreender no setor de fitness. A jornada de fundar e desenvolver a 131 CrossFit é um testemunho do que é possível quando combinamos paixão, planejamento estratégico e resiliência.

CAPÍTULO 02
Planejamento e Estratégia

Ao iniciar a jornada de criar a 131 CrossFit, uma das primeiras lições que aprendi foi a importância vital do planejamento estratégico. Sem um plano claro, é fácil perder-se no caminho e desperdiçar recursos. Com minha experiência na Polícia Militar, onde a preparação e a estratégia são cruciais, entendi que um plano bem delineado era a base para qualquer empreendimento de sucesso.

"Planejar é trazer o futuro para o presente para que você possa fazer algo a respeito dele agora." - Alan Lakein

Planejar estrategicamente significa antecipar desafios e oportunidades, estabelecer metas claras e desenvolver um caminho detalhado para alcançá-las. Comecei definindo a missão, visão e objetivos da 131 CrossFit. Sabia que esses elementos seriam os pilares sobre os quais construiríamos nossa identidade e direcionaríamos nossas ações.

A missão da 131 CrossFit é transformar vidas através do fitness, promovendo saúde e bem-estar em um ambiente inclusivo e motivador. Nossa visão é ser reconhecida como uma referência no setor de fitness, conhecida pela excelência em treinamento e pelo impacto positivo na comunidade. Com esses princípios em mente, estabelecemos objetivos específicos que nos guiariam ao longo do caminho.

Um dos primeiros passos no planejamento estratégico foi realizar uma análise SWOT (Forças, Fraquezas, Oportunidades e Ameaças). Esse exercício nos permitiu entender melhor o cenário em que iríamos operar e identificar áreas onde poderíamos nos destacar. Avaliamos nossos pontos fortes, como a paixão e a experiência da equipe, e reconhecemos nossas fraquezas, como a necessidade de capital inicial. Identificamos oportunidades no mercado crescente de CrossFit e nos preparamos para enfrentar ameaças, como a concorrência e as flutuações econômicas.

Outro aspecto crucial do nosso planejamento foi a definição de metas SMART (Específicas, Mensuráveis, Alcançáveis, Relevantes e Temporais). Estabelecemos metas claras para cada etapa do nosso desenvolvimento, desde a aquisição de equipamentos até o número de membros que queríamos alcançar nos primeiros anos. Essas metas nos deram um caminho claro e nos permitiram medir nosso progresso ao longo do tempo.

Além disso, o planejamento estratégico envolveu a criação de um plano financeiro detalhado. Precisávamos garantir que teríamos os recursos necessários para iniciar e sustentar a operação. Desenvolvemos projeções financeiras realistas, considerando os custos iniciais, as despesas operacionais e as receitas esperadas. Esse planejamento financeiro nos ajudou a tomar decisões informadas sobre investimentos e a manter a saúde financeira do negócio desde o início.

O planejamento estratégico também incluiu a criação de um plano de marketing. Sabíamos que, para atrair e reter clientes, precisávamos de uma estratégia de marketing robusta que destacasse nossos diferenciais e nos conectasse com nosso público-alvo. Definimos nossas táticas de marketing digital, campanhas de mídia social e eventos comunitários para aumentar nossa visibilidade e construir uma base de clientes leal.

Em resumo, o planejamento estratégico foi um elemento fundamental na criação da 131 CrossFit. Ao dedicar tempo e esforço para desenvolver um plano bem delineado, pudemos antecipar desafios, aproveitar oportunidades e direcionar nossas ações de maneira eficaz. Este capítulo detalha como esse planejamento não só nos preparou para o sucesso, mas também nos deu a confiança necessária para enfrentar os desafios do empreendedorismo com determinação e clareza.

Análise de Mercado e Identificação de Oportunidades

"A maior sabedoria é conhecer a si mesmo." - Galileu Galilei

A análise de mercado foi um passo essencial na criação da 131 CrossFit. Para construir um negócio sustentável e competitivo, precisávamos entender profundamente o setor de fitness, identificar lacunas no mercado e reconhecer as necessidades dos nossos futuros clientes. Este processo exigiu um estudo minucioso e uma abordagem estratégica.

Começamos conduzindo pesquisas detalhadas sobre o mercado de fitness, com um foco especial no crescimento e nas tendências do CrossFit. Analisamos dados demográficos, comportamentais e psicográficos dos potenciais clientes para compreender quem seriam nossos alunos e o que eles buscavam em uma academia. Entender as preferências e motivações dos clientes nos permitiu moldar nossos serviços para melhor atendê-los.

Além disso, realizamos uma análise da concorrência. Visitamos outras academias de CrossFit, observamos suas operações e identificamos seus pontos fortes e fracos. Esta análise competitiva nos ajudou a identificar áreas onde poderíamos nos diferenciar. Por exemplo, percebemos que muitas academias ofereciam programas de treinamento similares, mas poucas se destacavam pelo atendimento personalizado e pela criação de uma comunidade engajada.

Explorar as tendências emergentes no setor de fitness foi outra parte crucial da nossa análise de mercado. Identificamos o crescente interesse em modalidades de treino que combinavam força, condicionamento físico e flexibilidade, além de uma demanda crescente por programas de bem-estar holístico que incluíam nutrição e recuperação. Com base nessas tendências, desenvolvemos uma proposta de valor que integrava essas demandas e nos posicionava como líderes inovadores no mercado.

Ao identificar lacunas no mercado, percebemos que havia uma oportunidade significativa para uma academia de CrossFit que não só oferecesse treinos de alta qualidade, mas também criasse uma experiência única e acolhedora para os alunos. Decidimos focar em três pilares principais: excelência no treinamento, uma comunidade inclusiva e um ambiente motivador. Queríamos que a 131 CrossFit fosse mais do que apenas um lugar para se exercitar; queríamos que fosse um segundo lar para nossos membros.

A análise de mercado também nos ajudou a entender a importância de localização. Escolher o local certo para nossa academia era fundamental para atrair o público-alvo desejado. Consideramos fatores como acessibilidade, visibilidade e proximidade de áreas residenciais e comerciais. Após uma pesquisa detalhada, encontramos um local que atendia a todos esses critérios e oferecia potencial de crescimento.

Outro aspecto importante foi a definição de preços e modelos de assinatura. Analisamos o que outras academias cobravam e consideramos o valor que poderíamos oferecer. Queríamos garantir que nossos preços fossem competitivos, mas também refletissem a qualidade e a exclusividade dos nossos serviços. Criamos pacotes de assinatura flexíveis que atendiam diferentes necessidades e orçamentos, garantindo que nossos serviços fossem acessíveis a um público amplo.

A análise de mercado e a identificação de oportunidades foram fundamentais para moldar nossa proposta de valor e garantir que a 131 CrossFit se destacasse em um mercado competitivo. Este processo nos permitiu não apenas compreender o cenário em que íamos operar, mas também nos preparou para atender melhor nossos clientes e superar as expectativas do mercado. Este capítulo detalha como essa análise cuidadosa nos ajudou a construir uma base sólida para o sucesso e a estabelecer a 131 CrossFit como uma referência no setor de fitness.

Estabelecimento de Metas Claras e Visão de Futuro

"Um objetivo sem um plano é apenas um desejo." - Antoine de Saint-Exupéry

Com o planejamento estratégico e a análise de mercado em mãos, o próximo passo foi estabelecer metas claras e uma visão de futuro para a 131 CrossFit. Definir metas específicas, mensuráveis, alcançáveis, relevantes e temporais (SMART) nos guiaria ao longo do caminho e garantiria que mantivéssemos o foco em nossos objetivos principais.

Definimos metas específicas para várias áreas do nosso negócio, desde o número de novos membros que queríamos atrair a cada mês até as metas financeiras que precisávamos atingir para garantir a sustentabilidade. Essas metas não eram apenas números; elas representavam marcos importantes em nossa jornada. Cada meta foi cuidadosamente planejada para ser desafiadora, mas alcançável, garantindo que pudéssemos medir nosso progresso e fazer ajustes quando necessário.

A criação de uma visão de futuro para a 131 CrossFit foi igualmente crucial. Queríamos que nossa academia fosse reconhecida não apenas pela qualidade dos treinos, mas também pelo impacto positivo que teríamos na vida dos nossos membros. Nossa visão incluía expandir nossa influência na comunidade, oferecer programas inovadores e estabelecer parcerias estratégicas que nos ajudariam a crescer e a diversificar nossos serviços.

A visão clara do que queríamos alcançar nos deu a motivação e o foco necessários para transformar nossa ideia em um negócio de sucesso. Estabelecemos metas de curto, médio e longo prazo, cada uma delas alinhada com nossa visão maior. Por exemplo, no curto prazo, queríamos aumentar nossa base de membros e melhorar a infraestrutura da academia. No médio prazo, planejamos lançar novos programas de treinamento e workshops para manter nossos membros engajados e atraídos por novidades. No longo prazo, nossa meta era expandir para novas localidades e talvez até abrir filiais em outras cidades.

Para garantir que essas metas fossem alcançadas, criamos um roteiro estratégico detalhado. Esse roteiro incluía todas as etapas necessárias para atingir nossas metas, desde a alocação de recursos até a identificação de potenciais obstáculos e a criação de planos de contingência. Ter um roteiro estratégico nos ajudou a manter o foco, priorizar tarefas e garantir que todos na equipe estivessem alinhados com nossos objetivos.

Também enfatizamos a importância de revisar e ajustar nossas metas regularmente. Entendemos que o mercado de fitness é dinâmico e que precisaríamos ser flexíveis e adaptáveis. Realizávamos reuniões trimestrais para avaliar nosso progresso, discutir desafios e fazer os ajustes necessários para manter-nos no caminho certo. Essa abordagem proativa nos permitiu responder rapidamente às mudanças e aproveitar novas oportunidades conforme elas surgiam.

Outro aspecto importante do estabelecimento de metas foi a comunicação clara e transparente com nossa equipe. Garantimos que todos os membros da equipe estivessem cientes das metas e entendessem seu papel na realização delas. Isso criou um senso de responsabilidade compartilhada e motivação coletiva, onde cada pessoa se sentia parte integrante do nosso sucesso.

Esses elementos foram cruciais para transformar a 131 CrossFit de uma ideia em um negócio de sucesso. O planejamento cuidadoso e a visão estratégica foram, e continuam sendo, os pilares sobre os quais construímos nossa trajetória empresarial. Com metas bem definidas e uma visão clara, conseguimos manter o foco, medir nosso progresso e ajustar nossas estratégias conforme necessário para garantir o crescimento e a sustentabilidade da nossa academia.

CAPÍTULO 03

Estruturação do Negócio e Estratégia

A escolha da estrutura jurídica é um dos primeiros e mais importantes passos no processo de formalização de qualquer negócio. Esse passo não apenas determina como a empresa será administrada, mas também define as responsabilidades legais, fiscais e operacionais dos proprietários. Ao considerar as diferentes estruturas jurídicas, é essencial analisar as vantagens e desvantagens de cada uma.

"Sucesso na vida não é para aqueles que correm rápido, mas para aqueles que continuam correndo e sempre estão em movimento." - Bangambiki Habyarimana

Uma empresa individual, por exemplo, oferece simplicidade e controle total, mas expõe o proprietário a riscos pessoais, pois não há separação legal entre os bens pessoais e os da empresa. Outras formas de organização, como algumas sociedades, oferecem proteção legal ao separar os bens pessoais dos empresariais, limitando a responsabilidade dos proprietários ao capital investido no negócio.

Optar por uma estrutura que ofereça proteção legal é essencial para garantir que os bens pessoais estejam protegidos em caso de quaisquer problemas financeiros ou legais enfrentados pela empresa. Além disso, a flexibilidade operacional permitida por algumas estruturas jurídicas pode proporcionar a liberdade de crescer e se adaptar às mudanças do mercado sem as complexidades adicionais de outras formas de organização empresarial.

Outro fator importante na escolha da estrutura jurídica é a capacidade de atrair investimentos. Escolher uma estrutura que permita trazer novos sócios e investidores de forma organizada pode facilitar a expansão e o financiamento do negócio. Algumas estruturas também oferecem vantagens fiscais que podem ser benéficas para a operação, ajudando a maximizar recursos e reinvestir no crescimento do negócio.

Alinhar a escolha da estrutura jurídica com os objetivos de longo prazo do negócio é crucial. Se o negócio tem potencial para crescer significativamente, é importante garantir que a estrutura jurídica escolhida suporte essa expansão. A flexibilidade de algumas estruturas permite adicionar novos serviços, abrir novas unidades e explorar oportunidades de parceria sem enfrentar grandes obstáculos legais ou administrativos.

A criação de um contrato social detalhado pode ser um passo essencial. Este documento deve estabelecer claramente os direitos e responsabilidades de cada sócio, as regras para a administração da empresa, a distribuição de lucros e as diretrizes para a tomada de decisões importantes. Um contrato social bem elaborado ajuda a evitar conflitos e garante que todos os sócios estejam alinhados com a visão e os objetivos do negócio.

Buscar aconselhamento jurídico para garantir que todos os aspectos legais sejam cuidadosamente considerados também é uma prática recomendada. Um advogado especializado em direito empresarial pode guiar através do processo de registro e ajudar a entender todas as implicações legais da estrutura escolhida. Este apoio pode ser inestimável para começar uma jornada empresarial com uma base sólida e legalmente segura.

Escolher a estrutura jurídica adequada é um passo fundamental na criação de qualquer negócio. Optar por uma estrutura que proporcione proteção legal e flexibilidade operacional é crucial para crescer e prosperar em um mercado competitivo. Avaliar cuidadosamente as opções disponíveis e alinhar a escolha com os objetivos de longo prazo do negócio garante uma base sólida para o sucesso futuro.

Importância da Contabilidade

"Você não pode gerenciar o que não pode medir." - Peter Drucker

A contabilidade desempenha um papel crucial em qualquer negócio. Uma boa gestão financeira é essencial para garantir a saúde e o crescimento da empresa. Sem uma base contábil sólida, é impossível tomar decisões informadas, manter o controle das finanças e planejar o futuro do negócio.

Contratar um contador experiente pode ser um passo crítico. Procure alguém com um histórico comprovado, experiência no setor relevante e uma compreensão profunda das complexidades fiscais e regulatórias que o negócio enfrentará. Um profissional qualificado pode se tornar uma parte integral da equipe, ajudando a configurar sistemas financeiros, gerenciar fluxos de caixa e preparar relatórios financeiros precisos.

Configurar um sistema de contabilidade eficiente é um dos primeiros passos recomendados. Optar por um software de contabilidade que permita monitorar receitas, despesas e fluxos de caixa em tempo real pode proporcionar uma visão clara e precisa das finanças do negócio, permitindo identificar rapidamente qualquer problema e tomar medidas corretivas. Além disso, o software facilita a geração de relatórios financeiros detalhados, essenciais para a tomada de decisões estratégicas.

A gestão de fluxos de caixa é outra área crucial. Manter um fluxo de caixa positivo é vital para qualquer negócio, especialmente nos primeiros anos. Projetar entradas e saídas de caixa garante que sempre haja recursos suficientes para cobrir as obrigações financeiras.

Isso envolve não apenas a gestão das operações diárias, mas também a previsão de despesas futuras e a preparação para períodos de menor receita.

Relatórios financeiros precisos são a base para uma boa gestão empresarial. Estabelecer práticas contábeis rigorosas que permitam gerar relatórios mensais detalhados é essencial. Esses relatórios devem incluir demonstrações de resultados, balanços patrimoniais e fluxos de caixa, fornecendo uma visão completa da saúde financeira da empresa. Com base nesses relatórios, é possível avaliar o desempenho, identificar tendências e ajustar estratégias conforme necessário.

Garantir a conformidade fiscal é igualmente importante. Cumprir todas as obrigações fiscais é essencial para evitar problemas legais e financeiros. Um contador qualificado pode guiar através do complexo sistema tributário, ajudando a entender as responsabilidades e a garantir que todos os impostos sejam pagos corretamente e em dia. Isso não só evita penalidades, mas também permite aproveitar incentivos fiscais e deduções que podem beneficiar o negócio.

Implementar práticas contábeis eficientes também envolve a educação e treinamento da equipe. Garantir que todos os membros da equipe entendam a importância da contabilidade e como suas ações impactam as finanças da empresa é fundamental. Realizar workshops e treinamentos regulares pode alinhar todos com os objetivos financeiros e ensinar como utilizar as ferramentas e processos contábeis implementados.

A contabilidade eficiente é fundamental para a saúde financeira e o crescimento de qualquer negócio. Desde a configuração de sistemas financeiros até a gestão de fluxos de caixa e a preparação de relatórios financeiros, cada aspecto da contabilidade deve ser cuidadosamente planejado e executado. Contratar um contador experiente e implementar práticas contábeis rigorosas permite manter as finanças sob controle, tomar decisões informadas e garantir a conformidade fiscal. A contabilidade é uma base essencial para a construção de um negócio sustentável e bem-sucedido.

Aspectos Legais e Formalização do Negócio

"O sucesso é onde a preparação e a oportunidade se encontram." - Bobby Unser

Para garantir que qualquer negócio opere de acordo com a lei, é essencial atentar-se a diversos aspectos legais. Desde a obtenção de licenças e permissões até a conformidade com regulamentações locais e federais, cada detalhe deve ser cuidadosamente tratado. Formalizar um negócio requer uma compreensão profunda das leis e regulamentos aplicáveis, e negligenciar qualquer aspecto pode resultar em complicações futuras.

Um dos primeiros passos é a obtenção de todas as licenças e permissões necessárias para operar. Isso pode incluir licenças comerciais, autorizações de funcionamento, e certificações específicas para o setor de atuação. Trabalhar de perto com as autoridades locais para garantir que todos os requisitos sejam cumpridos pode evitar impedimentos legais e estabelecer a legitimidade da operação.

A conformidade com regulamentações locais e federais deve ser uma prioridade. As leis de zoneamento, por exemplo, determinam onde é possível operar o negócio, enquanto as regulamentações de saúde e segurança estabelecem padrões que devem ser seguidos para garantir o bem-estar de clientes e funcionários. Revisar e implementar cada regulamento cuidadosamente garante que o negócio opere dentro dos parâmetros legais.

Contratar um advogado especializado em direito empresarial é uma prática recomendada. Um advogado pode ajudar a navegar pelas complexidades legais de iniciar e manter um negócio. Desde a redação e revisão de contratos até a orientação sobre questões trabalhistas e de propriedade intelectual, o conhecimento especializado de um advogado garante que todas as bases legais estejam cobertas. Este suporte é inestimável para evitar problemas legais e garantir que o negócio esteja sempre em conformidade com a lei.

A criação de um contrato social robusto é outro passo crucial. Este documento deve delinear claramente os direitos e responsabilidades dos sócios, as regras para a administração da empresa e as diretrizes para a tomada de decisões importantes. Um contrato bem elaborado ajuda a evitar conflitos e garante que todos os envolvidos estejam alinhados com a visão e os objetivos do negócio. Este nível de preparação e clareza é essencial para construir uma base sólida e legalmente robusta.

Garantir a conformidade com as leis trabalhistas é vital para proteger os funcionários e evitar litígios. Implementar políticas claras de contratação, remuneração e benefícios assegura que todos os membros da equipe sejam tratados de forma justa e em conformidade com a legislação. Essas práticas não só ajudam a manter um ambiente de trabalho positivo, mas também a atrair e reter talentos de alta qualidade.

A formalização do negócio também envolve a proteção da propriedade intelectual. Registrar a marca e garantir que todos os direitos autorais e patentes estejam devidamente protegidos oferece a segurança de que ideias e inovações estão resguardadas contra uso indevido por terceiros, fortalecendo a posição no mercado.

Garantir que o negócio opere de acordo com todos os aspectos legais é essencial para construir uma operação empresarial forte e preparada para crescer. Desde a obtenção de licenças e permissões até a conformidade com regulamentações e a contratação de um advogado especializado, cada detalhe deve ser tratado com cuidado e precisão. Este capítulo destaca a importância da estruturação jurídica adequada, da contabilidade eficiente e do cumprimento dos aspectos legais ao abrir um negócio. As decisões tomadas na fase inicial de formalização são fundamentais para construir uma base sólida e sustentável, permitindo crescer com confiança e segurança.

As decisões tomadas na fase inicial de formalização são fundamentais para construir uma base sólida e sustentável. Avaliar cuidadosamente as opções disponíveis, alinhar a escolha com os objetivos de longo prazo do negócio e implementar práticas contábeis rigorosas garante uma operação empresarial forte e preparada para crescer.

CAPÍTULO 04

Financiamento e Investimento

Ao considerar iniciar um negócio, o uso de capital próprio é uma das primeiras opções de financiamento que muitos empreendedores avaliam. Utilizar recursos pessoais pode oferecer uma vantagem inicial, já que elimina a necessidade de se preocupar com dívidas ou investidores externos. Neste capítulo, vamos explorar os benefícios e riscos do uso de capital próprio e como essa decisão pode impactar o crescimento inicial de uma empresa no setor de fitness.

"O dinheiro é uma ferramenta. Ele te levará aonde você quiser, mas não te substituirá como motorista." - Ayn Rand

Utilizar economias pessoais e recursos da família pode ser uma excelente maneira de começar um negócio sem a pressão adicional de reembolsar empréstimos ou atender às expectativas de investidores. Isso proporciona liberdade e flexibilidade para moldar o negócio de acordo com a visão e os valores do empreendedor, sem interferências externas. Todo o lucro gerado pode ser reinvestido diretamente na empresa, acelerando o crescimento e a expansão.

Um dos principais benefícios do uso de capital próprio é a autonomia. Não ter que prestar contas a investidores externos ou lidar com parcelas de empréstimos permite tomar decisões rápidas e ágeis. A liberdade para moldar o negócio sem interferências externas é inestimável, proporcionando ao empreendedor a capacidade de seguir seu próprio caminho.

Por outro lado, investir economias pessoais envolve riscos significativos. Colocar em risco a segurança financeira pessoal e familiar é uma possibilidade real. É essencial avaliar cuidadosamente o montante que se pode investir sem comprometer a estabilidade financeira. Estabelecer um limite claro de quanto está disposto a investir e preparar um plano de contingência pode ajudar a garantir que, mesmo se o negócio enfrentar dificuldades, ainda haja um colchão financeiro para se apoiar.

Outro desafio é a limitação de recursos. Ao usar capital próprio, o montante disponível pode ser menor do que o necessário para uma expansão rápida ou para enfrentar imprevistos. Para mitigar esse risco, é importante manter um controle rigoroso das finanças e buscar maneiras criativas de maximizar cada real investido. Foco na eficiência operacional e no controle de custos é fundamental para fazer o capital render ao máximo.

Considerar o impacto psicológico também é importante. Saber que cada centavo investido é fruto do próprio trabalho e da família pode ser uma fonte de motivação poderosa, mas também pode gerar estresse e pressão adicional. Manter uma mentalidade positiva e resiliente é crucial para superar os desafios e continuar avançando.

Utilizar capital próprio para iniciar um negócio pode oferecer liberdade e controle, mas também envolve riscos consideráveis. Avaliar cuidadosamente os benefícios e os desafios é essencial para tomar decisões informadas. O uso de economias pessoais e o apoio da família podem ser fundamentais para os primeiros passos de um empreendimento, proporcionando a base necessária para crescer e prosperar. Esta abordagem inicial de financiamento pode ser uma excelente opção para empreendedores que buscam autonomia e estão preparados para os desafios que vêm com o investimento de recursos próprios.

"Não é o mais forte que sobrevive, nem o mais inteligente, mas o que melhor se adapta às mudanças." - Charles Darwin

À medida que um negócio começa a crescer, pode surgir a necessidade de buscar investidores para expandir as operações. Encontrar investidores que compartilhem a visão e acreditem no potencial do negócio pode ser um desafio, mas também uma oportunidade de fortalecer a base financeira da empresa. Neste capítulo, vamos explorar estratégias para atrair investidores, como preparar um pitch eficaz e as lições aprendidas durante esse processo.

Buscar investidores requer uma preparação cuidadosa. Um dos primeiros passos é desenvolver um pitch claro e convincente. O pitch deve comunicar de forma eficaz a visão, missão e potencial de crescimento do negócio. É essencial destacar o que torna o negócio único e valioso, e como os investimentos serão utilizados para impulsionar o crescimento. Ensaiar e refinar o pitch para diferentes audiências é fundamental para causar uma impressão positiva.

Existem diferentes tipos de investidores, cada um com suas próprias expectativas e requisitos. Investidores-anjo, por exemplo, são indivíduos que investem seu próprio dinheiro em startups e pequenas empresas. Eles frequentemente oferecem não apenas capital, mas também mentoria e conexões valiosas. Capital de risco (venture capital), por outro lado, envolve fundos de investimento que buscam negócios com alto potencial de crescimento. Esses investidores estão dispostos a assumir maiores riscos em troca de retornos mais elevados.

Identificar e abordar os investidores certos é crucial. Pesquisar e entender os interesses e o portfólio de potenciais investidores pode ajudar a personalizar o pitch e aumentar as chances de sucesso. Participar de eventos de networking, competições de startups e conferências do setor são ótimas maneiras de conhecer investidores em potencial e construir relacionamentos.

Ao buscar investidores, é importante estar preparado para a diligência devida. Investidores sérios realizarão uma análise detalhada do negócio antes de decidir investir. Manter registros financeiros precisos, ter um plano de negócios sólido e demonstrar um histórico de desempenho consistente são essenciais para passar por esse processo com sucesso.

Escolher investidores que se alinhem com os objetivos e valores do negócio é fundamental. Não se trata apenas de obter capital, mas também de encontrar parceiros estratégicos que possam agregar valor ao longo do tempo. Investidores que compartilham a visão de longo prazo e estão dispostos a apoiar o crescimento sustentável do negócio são os mais valiosos.

Buscar investidores é um passo significativo para expandir um negócio e fortalecer sua base financeira. Desenvolver um pitch eficaz, identificar os investidores certos e estar preparado para a diligência devida são essenciais para atrair o apoio necessário. A escolha cuidadosa de investidores que se alinhem com os objetivos e valores do negócio pode proporcionar não apenas capital, mas também parcerias estratégicas valiosas. Adaptar-se às mudanças e se preparar adequadamente são chaves para o sucesso nesse processo.

Empréstimos Bancários e Administração de Recursos

"Você não pode mudar o vento, mas pode ajustar as velas do barco para chegar onde quer." - Confúcio

Para muitos empreendedores, recorrer a empréstimos bancários pode ser uma solução viável para financiar a expansão de seu negócio. Escolher o empréstimo certo e administrar os recursos de maneira eficaz são cruciais para o sucesso. Neste capítulo, exploraremos como pesquisar diferentes opções de empréstimos, negociar as melhores condições e gerenciar o fluxo de caixa para garantir a sustentabilidade do negócio. Compartilharemos estratégias para administrar recursos financeiros de forma eficaz, destacando a importância de um planejamento financeiro cuidadoso.

Pesquisar diferentes opções de empréstimos é um passo fundamental. Existem várias instituições financeiras que oferecem diferentes tipos de empréstimos, cada uma com suas próprias taxas de juros, prazos de pagamento e requisitos. Comparar essas opções pode ajudar a encontrar o empréstimo que melhor atende às necessidades do negócio. É importante considerar não apenas as taxas de juros, mas também outras condições, como prazos de carência, taxas administrativas e possíveis penalidades por pagamento antecipado.

Negociar as melhores condições de empréstimo pode fazer uma grande diferença no custo total do financiamento. Apresentar um plano de negócios sólido e demonstrar a viabilidade e o potencial de crescimento do negócio pode ajudar a obter condições mais favoráveis. Ter uma boa relação com o gerente do banco e manter um histórico financeiro positivo também pode facilitar a negociação de melhores termos.

Gerenciar o fluxo de caixa é essencial para garantir que o negócio possa cumprir suas obrigações financeiras. Manter um controle rigoroso das entradas e saídas de dinheiro ajuda a evitar surpresas desagradáveis e permite planejar com antecedência para períodos de menor receita. Estabelecer reservas financeiras para emergências e imprevistos também é uma prática recomendada.

Um planejamento financeiro cuidadoso envolve mais do que apenas gerenciar o fluxo de caixa. É importante ter uma visão de longo prazo e preparar projeções financeiras que incluam receitas, despesas, investimentos e necessidades de capital de giro. Essas projeções ajudam a identificar possíveis gargalos financeiros e a tomar medidas proativas para mitigá-los.

Outra estratégia importante é utilizar os recursos financeiros de maneira eficiente. Priorizar investimentos que ofereçam o maior retorno sobre o investimento (ROI) e buscar maneiras de reduzir custos operacionais podem ajudar a maximizar o uso dos recursos disponíveis. Além disso, manter um controle rigoroso das despesas e evitar gastos desnecessários são práticas essenciais para manter a saúde financeira do negócio.

Recorrer a empréstimos bancários e administrar recursos de maneira eficaz são passos fundamentais para o sucesso de um negócio em crescimento. Pesquisar diferentes opções de empréstimos, negociar as melhores condições e gerenciar o fluxo de caixa com cuidado são práticas essenciais para garantir a sustentabilidade financeira. Um planejamento financeiro cuidadoso e o uso eficiente dos recursos ajudam a preparar o negócio para enfrentar desafios e aproveitar oportunidades de crescimento.

O uso de capital próprio, a busca por investidores e a obtenção de empréstimos bancários são etapas fundamentais para o crescimento de qualquer empreendimento. As estratégias discutidas oferecem insights valiosos para qualquer empreendedor que busca financiar seu sonho e administrar recursos financeiros de maneira eficaz. Avaliar cuidadosamente cada opção de financiamento e implementar práticas de gestão financeira sólidas são chaves para o sucesso e a sustentabilidade do negócio.

CAPÍTULO 05

Marketing e Branding

Desenvolver uma marca forte e reconhecível é essencial para se destacar no competitivo setor de fitness. Uma identidade de marca coesa e autêntica pode refletir os valores e a missão da empresa, ressoando com os clientes e inspirando confiança. Vamos explorar o processo de criação de uma marca, desde a escolha do nome até o design do logotipo e a definição do propósito da empresa.

"Uma marca para uma empresa é como uma reputação para uma pessoa. Você ganha reputação tentando fazer bem as coisas difíceis." - Jeff Bezos

A escolha do nome é o primeiro passo no desenvolvimento da marca. Um nome eficaz deve ser memorável, fácil de pronunciar e refletir a essência do negócio. É importante considerar como o nome será percebido pelo público-alvo e se ele se alinha com os valores e objetivos da empresa. Pesquisar a disponibilidade do nome e garantir que ele não infrinja direitos autorais também é um passo crucial.

O design do logotipo é outro elemento vital. Um logotipo bem projetado deve ser simples, mas impactante, e transmitir a identidade da marca de forma visual. Cores, fontes e elementos gráficos devem ser escolhidos com cuidado para criar uma imagem coesa que possa ser facilmente reconhecida. O logotipo deve ser versátil, funcionando bem em diferentes formatos e tamanhos, desde materiais impressos até plataformas digitais.

Definir o propósito da marca vai além do nome e do logotipo. É necessário estabelecer uma missão clara e valores fundamentais que guiem todas as ações e comunicações da empresa. O propósito deve refletir o compromisso com os clientes e a visão de longo prazo do negócio. Uma marca com um propósito forte é capaz de criar uma conexão emocional com os clientes, gerando lealdade e engajamento.

Criar uma identidade de marca autêntica envolve contar a história da empresa de maneira genuína e inspiradora. Compartilhar os motivos que levaram à criação do negócio, os desafios superados e as conquistas alcançadas ajuda a humanizar a marca e a criar um vínculo com o público. Uma narrativa bem contada pode diferenciar a marca no mercado e atrair clientes que compartilhem dos mesmos valores.

A consistência é fundamental para o desenvolvimento de uma marca. Todos os pontos de contato com os clientes, desde o site e as redes sociais até o atendimento ao cliente e as campanhas de marketing, devem refletir a identidade da marca de forma consistente. Isso cria uma experiência de marca coesa e reforça a reputação da empresa no mercado.

Desenvolver uma marca forte e autêntica é um processo crucial para qualquer negócio, especialmente no competitivo setor de fitness. A escolha do nome, o design do logotipo e a definição do propósito da marca são passos fundamentais que ajudam a criar uma identidade coesa e reconhecível. Manter a consistência em todos os pontos de contato com os clientes reforça a reputação da marca e cria uma conexão emocional com o público. Uma marca bem desenvolvida é uma ferramenta poderosa para diferenciar o negócio no mercado e atrair clientes leais.

Estratégias de Marketing Digital

"Marketing é contar ao mundo que você é um rock star. Content marketing é mostrar ao mundo que você é um rock star." - Robert Rose

O marketing digital é uma ferramenta poderosa para atrair e reter clientes em qualquer setor, incluindo o fitness. Utilizar diversas plataformas e ferramentas digitais permite alcançar um público-alvo amplo e construir uma comunidade engajada. Neste capítulo, vamos explorar as estratégias de marketing digital que podem ser eficazes, como a criação de conteúdo relevante, o uso de SEO (Search Engine Optimization) e campanhas de e-mail marketing.

A criação de conteúdo relevante é uma das bases do marketing digital eficaz. Produzir conteúdo que agregue valor ao público-alvo, como artigos de blog, vídeos, infográficos e postagens nas redes sociais, ajuda a estabelecer a autoridade da marca e a engajar os clientes. O conteúdo deve ser informativo, inspirador e alinhado com os interesses e necessidades do público. Compartilhar histórias de sucesso, dicas de treino e nutrição, e atualizações sobre a empresa são maneiras eficazes de manter os clientes envolvidos.

O SEO (Search Engine Optimization) é crucial para aumentar a visibilidade online. Otimizar o site da empresa e o conteúdo para os mecanismos de busca ajuda a atrair tráfego orgânico e a melhorar o ranking nos resultados de busca. Utilizar palavras-chave relevantes, criar conteúdo de alta qualidade e garantir que o site seja rápido e fácil de navegar são práticas essenciais de SEO. Ferramentas como Google Analytics e Google Search Console podem ajudar a monitorar o desempenho do site e a identificar oportunidades de melhoria.

As campanhas de e-mail marketing são outra estratégia eficaz para manter o público engajado e informado. Construir uma lista de e-mails segmentada permite enviar comunicações personalizadas e relevantes para os clientes. Newsletters regulares podem incluir atualizações sobre a empresa, dicas de saúde e fitness, promoções e eventos especiais. Utilizar ferramentas de automação de e-mail pode simplificar o processo e garantir que as mensagens sejam enviadas no momento certo.

Monitorar métricas e ajustar as estratégias com base nos resultados obtidos é fundamental para o sucesso do marketing digital. Analisar dados como taxa de cliques, conversões, engajamento nas redes sociais e tráfego do site ajuda a entender o que está funcionando e o que precisa ser ajustado. Ferramentas de análise e relatórios são essenciais para tomar decisões informadas e otimizar as campanhas de marketing.

O marketing digital desempenha um papel fundamental na atração e retenção de clientes. A criação de conteúdo relevante, o uso de SEO e campanhas de e-mail marketing são estratégias poderosas que ajudam a construir uma comunidade engajada e a aumentar a visibilidade da marca. Monitorar métricas e ajustar as estratégias com base nos resultados obtidos é crucial para o sucesso contínuo. Utilizar essas ferramentas de forma eficaz pode diferenciar a empresa no mercado e atrair clientes leais.

Uso das Redes Sociais e Construção de Comunidade

"As pessoas não compram produtos e serviços. Elas compram relações, histórias e magia." - Seth Godin

As plataformas de redes sociais são recursos incrivelmente eficazes para construir uma comunidade engajada em torno de qualquer negócio. Sites como Instagram, Facebook e YouTube permitem uma conexão direta com os clientes, possibilitando o compartilhamento de histórias e a promoção dos valores da empresa. Neste capítulo, vamos explorar como utilizar essas plataformas para engajar o público, criar conteúdo atraente e interativo, e fomentar um senso de comunidade.

Utilizar as redes sociais de forma estratégica começa com a criação de conteúdo que ressoe com o público-alvo. Fotos, vídeos, stories e postagens devem refletir a identidade da marca e oferecer valor ao público. Compartilhar treinos, dicas de saúde e nutrição, histórias de sucesso dos clientes e eventos da empresa são maneiras eficazes de manter o público interessado e engajado. O conteúdo deve ser visualmente atraente, autêntico e alinhado com os interesses dos seguidores.

Interagir com os seguidores é essencial para construir uma comunidade leal. Responder a comentários, mensagens diretas e menções cria um diálogo aberto e demonstra que a empresa valoriza e se importa com seus clientes. Essa interação ajuda a construir confiança e lealdade, transformando seguidores em defensores da marca. Realizar enquetes, perguntas e respostas, e sessões ao vivo também são formas de envolver o público de maneira interativa e personalizada.

A consistência nas postagens é fundamental para manter a presença da marca nas redes sociais. Criar um calendário de conteúdo e programar postagens regularmente ajuda a manter o engajamento e a aumentar a visibilidade. É importante manter a identidade visual e a voz da marca consistente em todas as plataformas, garantindo que a mensagem seja clara e coesa.

Utilizar ferramentas de análise de redes sociais pode ajudar a monitorar o desempenho das postagens e entender o que está funcionando. Métricas como alcance, engajamento, crescimento de seguidores e cliques em links são indicadores valiosos para avaliar a eficácia das estratégias de redes sociais. Ajustar o conteúdo e as abordagens com base nos insights obtidos dessas métricas pode otimizar os resultados e aumentar o impacto.

Promover eventos e campanhas nas redes sociais é outra estratégia eficaz. Anunciar desafios, promoções e eventos especiais pode gerar entusiasmo e participação da comunidade. Criar hashtags exclusivas e incentivar os seguidores a compartilhar suas próprias experiências também ajuda a ampliar o alcance e a visibilidade da marca.

Utilizar as redes sociais para construir uma comunidade engajada é uma estratégia essencial para qualquer negócio no setor de fitness. Criar conteúdo atraente e interativo, manter um diálogo aberto com os seguidores e utilizar ferramentas de análise são práticas fundamentais para o sucesso. As redes sociais não apenas aumentam a visibilidade da marca, mas também fortalecem a conexão emocional com os clientes, transformando-os em defensores leais.

Desenvolver uma marca forte, implementar estratégias de marketing digital e utilizar as redes sociais para construir uma comunidade foram fundamentais para o crescimento da 131 CrossFit. As lições aprendidas e as práticas eficazes compartilhadas oferecem insights valiosos para empreendedores que buscam estabelecer e expandir sua presença no mercado, utilizando ferramentas modernas e estratégias inovadoras para alcançar e engajar seu público.

CAPÍTULO 06

Construindo uma Equipe de Sucesso

FERNANDO DE ALMEIDA SANTOS

Recrutar pessoas talentosas e alinhadas com os valores da empresa é essencial para construir uma equipe de sucesso. É importante buscar profissionais apaixonados pelo setor, comprometidos com o bem-estar dos clientes e dispostos a crescer junto com o negócio. Neste capítulo, vamos discutir estratégias para identificar e atrair talentos, a importância de um processo de recrutamento rigoroso e como garantir que cada novo membro se encaixe bem na cultura organizacional.

"O talento vence jogos, mas só o trabalho em equipe ganha campeonatos." - Michael Jordan

Identificar e atrair talentos requer um entendimento claro das necessidades e valores da empresa. Criar descrições de trabalho detalhadas que reflitam as expectativas e os requisitos para cada posição é um primeiro passo crucial. Utilizar plataformas de recrutamento, redes sociais e redes de contatos profissionais pode ajudar a alcançar candidatos qualificados. Realizar entrevistas estruturadas e avaliações práticas garante que os candidatos possuam as habilidades e atitudes necessárias.

Um processo de recrutamento rigoroso é fundamental para selecionar os melhores candidatos. Avaliar as competências técnicas, a compatibilidade cultural e a motivação dos candidatos ajuda a garantir que eles se encaixem bem na equipe. Além das entrevistas, aplicar testes de habilidades, simulações de tarefas e verificar referências pode fornecer uma visão mais completa das capacidades e do potencial dos candidatos.

Garantir que cada novo membro se adapte bem à cultura organizacional é essencial para manter a coesão e a harmonia na equipe. Um programa de integração eficaz pode ajudar os novos funcionários a se familiarizarem com os valores, processos e expectativas da empresa. Promover uma comunicação aberta e oferecer apoio durante os primeiros meses de trabalho facilita a adaptação e a integração dos novos membros.

Recrutar talentos é uma etapa crucial para construir uma equipe de sucesso. Utilizar estratégias eficazes para identificar, avaliar e integrar novos membros garante que a equipe seja composta por profissionais qualificados e alinhados com os valores da empresa. Um processo de recrutamento rigoroso e um programa de integração eficaz são fundamentais para criar uma base sólida para o crescimento do negócio.

Treinamento e Desenvolvimento

"Não se pode ensinar nada a um homem; só é possível ajudá-lo a encontrar a resposta dentro de si." - Galileu Galilei

Após recrutar os melhores talentos, investir no treinamento e desenvolvimento contínuo da equipe é fundamental. Criar programas de treinamento abrangentes garante que todos os membros da equipe estejam bem preparados e atualizados com as melhores práticas do setor. Neste capítulo, vamos explorar a importância do treinamento inicial, a oferta de oportunidades de desenvolvimento profissional e a criação de um ambiente de aprendizado constante.

O treinamento inicial é essencial para equipar os novos funcionários com as habilidades e conhecimentos necessários para desempenhar suas funções com eficácia. Um programa de treinamento bem estruturado deve abranger tanto aspectos técnicos quanto comportamentais, garantindo que os novos membros compreendam as expectativas e padrões da empresa. Oferecer sessões práticas, workshops e mentorias pode acelerar o processo de aprendizado e adaptação.

Oportunidades de desenvolvimento profissional contínuo são importantes para manter a equipe motivada e engajada. Oferecer cursos, certificações, e programas de desenvolvimento de liderança ajuda os funcionários a crescerem em suas carreiras e a contribuírem de forma mais significativa para o sucesso do negócio. Incentivar a participação em conferências, seminários e redes de contato profissional também amplia os horizontes e promove o aprendizado contínuo.

Criar um ambiente de aprendizado constante envolve fomentar uma cultura de curiosidade e inovação. Promover a troca de conhecimentos e experiências entre os membros da equipe, realizar sessões de feedback e aprendizado, e incentivar a busca por melhorias contínuas são práticas que sustentam o desenvolvimento profissional e pessoal. Um ambiente de aprendizado constante mantém a equipe atualizada com as tendências do setor e preparada para enfrentar novos desafios.

Investir no treinamento e desenvolvimento contínuo da equipe é essencial para manter a competitividade e o sucesso do negócio. Um programa de treinamento inicial bem estruturado, oportunidades de desenvolvimento profissional e a criação de um ambiente de aprendizado constante são práticas que promovem o crescimento individual e coletivo. Esses investimentos ajudam a melhorar a performance da equipe e a promover a retenção de talentos.

Motivação e Cultura Organizacional

"Trate seus funcionários da mesma forma que você deseja que eles tratem seus melhores clientes." - Stephen R. Covey

Manter a equipe motivada e criar uma cultura organizacional positiva são essenciais para o sucesso de qualquer empreendimento. Trabalhar para construir um ambiente onde todos se sintam valorizados, inspirados e comprometidos com os objetivos comuns da empresa é crucial. Neste capítulo, vamos compartilhar estratégias para manter a motivação alta, a importância de celebrar as conquistas e como a comunicação aberta e a transparência contribuem para um ambiente de trabalho saudável e produtivo.

A motivação dos funcionários é um fator chave para a produtividade e o sucesso do negócio. Reconhecer e recompensar o desempenho, oferecer incentivos e criar oportunidades de crescimento são maneiras eficazes de manter a motivação alta. Realizar avaliações de desempenho regulares e oferecer feedback construtivo ajuda os funcionários a se sentirem valorizados e a entenderem como podem melhorar e crescer em suas funções.

Celebrar as conquistas, tanto individuais quanto coletivas, fortalece o espírito de equipe e reforça a cultura organizacional. Reconhecer publicamente os sucessos, organizar eventos de celebração e criar rituais de reconhecimento são práticas que promovem um ambiente positivo e engajado. A celebração das conquistas ajuda a construir uma cultura de apreciação e gratidão, incentivando todos a se esforçarem para alcançar novos objetivos.

A comunicação aberta e a transparência são fundamentais para criar um ambiente de confiança e colaboração. Incentivar a troca de ideias, manter os funcionários informados sobre os objetivos e progressos da empresa, e promover a participação em decisões importantes são práticas que fortalecem o vínculo entre a equipe e a liderança. A transparência nas comunicações cria um senso de pertencimento e engajamento, essencial para o sucesso coletivo.

Manter a motivação da equipe e criar uma cultura organizacional positiva são componentes essenciais para o sucesso de qualquer negócio. Reconhecer e recompensar o desempenho, celebrar as conquistas e promover a comunicação aberta e a transparência são práticas que fortalecem o espírito de equipe e a produtividade. Construir um ambiente de trabalho saudável e inspirador é crucial para atrair e reter talentos e garantir o sucesso a longo prazo.

A construção de uma equipe de sucesso é fundamentada em um processo de recrutamento eficaz, um compromisso com o desenvolvimento contínuo e a criação de uma cultura organizacional positiva. Ao focar no trabalho em equipe e na motivação, é possível criar um ambiente onde todos possam prosperar e contribuir para o sucesso do negócio.

CAPÍTULO 07

Operações e Logística

A gestão eficiente das instalações é fundamental para proporcionar um ambiente seguro e motivador para os alunos. Desde a escolha do local até a disposição dos equipamentos, cada detalhe deve ser cuidadosamente planejado para otimizar a experiência dos clientes. Neste capítulo, vamos discutir como organizar as instalações para maximizar o espaço, garantir a segurança e criar uma atmosfera acolhedora. Manter o ambiente limpo, bem iluminado e equipado com os melhores materiais é essencial para atender às necessidades dos alunos.

"A excelência não é um ato, mas um hábito." - Aristóteles

A escolha do local adequado é o primeiro passo. É importante considerar fatores como acessibilidade, visibilidade e conveniência para os clientes. Um local bem escolhido atrai mais alunos e facilita o acesso, contribuindo para a retenção e satisfação dos clientes.

A disposição dos equipamentos deve ser pensada para otimizar o espaço e garantir a segurança. Organizar os equipamentos de forma que haja fluxo livre de movimento e fácil acesso a todos os aparelhos é essencial. Áreas específicas para diferentes tipos de treino, como levantamento de peso, exercícios cardiovasculares e alongamento, ajudam a criar um ambiente funcional e eficiente.

Manter o ambiente limpo e bem iluminado contribui para uma experiência positiva. Limpeza regular e manutenção da iluminação são aspectos que não podem ser negligenciados. Um ambiente bem cuidado transmite profissionalismo e cuidado com os alunos.

A gestão eficiente das instalações é um componente crucial para o sucesso de qualquer academia. Escolher o local adequado, organizar os equipamentos de maneira funcional e manter o ambiente limpo e bem iluminado são práticas que garantem uma experiência positiva para os alunos e contribuem para a retenção e satisfação dos clientes.

Manutenção de Equipamentos

"Manutenção preventiva é a chave para uma operação eficiente." - Desconhecido

A manutenção regular dos equipamentos é essencial para garantir a segurança e a eficiência operacional de uma academia. Implementar um rigoroso plano de manutenção preventiva assegura que todos os equipamentos estejam sempre em perfeitas condições de uso. Neste capítulo, vamos explorar como monitorar e realizar a manutenção dos equipamentos, a importância de registrar todas as intervenções e como lidar com reparos e substituições quando necessário.

Monitorar os equipamentos regularmente ajuda a identificar problemas antes que eles se tornem críticos. Realizar inspeções diárias e semanais permite detectar sinais de desgaste e agir preventivamente. Isso não só prolonga a vida útil dos equipamentos, mas também evita interrupções inesperadas nas atividades.

Registrar todas as intervenções de manutenção é uma prática importante. Manter um histórico detalhado das manutenções realizadas facilita a identificação de padrões e problemas recorrentes, além de ajudar a planejar futuras intervenções. Utilizar software de gestão de manutenção pode simplificar esse processo e garantir que nenhum detalhe seja esquecido.

Quando reparos ou substituições são necessários, é crucial agir rapidamente para minimizar o impacto nas operações. Ter um plano de ação para lidar com esses eventos, incluindo fornecedores confiáveis e procedimentos de emergência, garante que os alunos possam continuar treinando com segurança e eficácia.

A manutenção preventiva dos equipamentos é essencial para garantir a segurança e a eficiência operacional de uma academia. Monitorar regularmente os equipamentos, registrar todas as intervenções e agir rapidamente em caso de reparos ou substituições são práticas que ajudam a evitar interrupções e a manter um ambiente seguro para os alunos.

Desenvolvimento de Programas de Treinamento

"O sucesso é o resultado da preparação, do trabalho duro e de aprender com os fracassos." - Colin Powell

Desenvolver programas de treinamento eficazes é uma prioridade para qualquer academia. Criar programas adaptados às necessidades e objetivos dos alunos proporciona uma abordagem personalizada ao treinamento.

Desenvolver programas de treinamento começa com a avaliação das necessidades dos alunos. Realizar avaliações físicas e consultas iniciais ajuda a entender os objetivos e limitações de cada aluno. Com essas informações, é possível criar programas personalizados que atendam às suas necessidades específicas.

A implementação dos programas deve ser acompanhada de perto. Acompanhar o progresso dos alunos e fornecer feedback regular são essenciais para garantir que os programas estejam funcionando como planejado. Realizar ajustes conforme necessário ajuda a manter os alunos motivados e a alcançar melhores resultados.

Integrar novas técnicas e tendências do setor mantém os programas de treinamento atualizados e eficazes. Participar de cursos e workshops, ler publicações especializadas e trocar experiências com outros profissionais são formas de se manter atualizado e oferecer o melhor para os alunos.

Desenvolver e implementar programas de treinamento eficazes é crucial para o sucesso de uma academia. Avaliar as necessidades dos alunos, acompanhar o progresso e integrar novas técnicas e tendências são práticas que garantem programas de alta qualidade e resultados positivos para os alunos.

Através da gestão cuidadosa das instalações, da manutenção preventiva dos equipamentos e do desenvolvimento de programas de treinamento personalizados, é possível garantir um serviço de qualidade para os alunos. Otimizar processos e melhorar a eficiência operacional são fundamentais para o sucesso e a sustentabilidade do negócio.

CAPÍTULO 08
Saúde e Bem-Estar no Empreendedorismo

Manter a saúde e o bem-estar é essencial para qualquer empreendedor que deseja liderar com eficácia e sustentabilidade. No frenético mundo dos negócios, é fácil negligenciar o autocuidado, mas cuidar de si mesmo é fundamental para o sucesso a longo prazo. Discutir como essas práticas ajudam a manter a energia e o foco necessários para enfrentar os desafios diários.

"Para cuidar dos outros, você deve cuidar de si mesmo primeiro." - Dalai Lama

Exercícios físicos regulares são uma parte crucial do autocuidado. Reservar tempo para atividades físicas, seja uma sessão de academia, uma corrida ao ar livre ou uma prática de ioga, contribui para a saúde física e mental. O exercício libera endorfinas, melhora o humor e aumenta a resistência física, preparando o corpo e a mente para os desafios do empreendedorismo.

A alimentação balanceada é igualmente importante. Manter uma dieta rica em nutrientes, com refeições equilibradas e saudáveis, fornece a energia necessária para manter o desempenho ao longo do dia. Evitar alimentos processados e optar por opções naturais e nutritivas pode fazer uma grande diferença na saúde e na capacidade de foco e produtividade.

Momentos de descanso e relaxamento são essenciais para recarregar as energias. Dormir bem e garantir períodos de descanso adequados ajudam a prevenir o esgotamento. Incorporar técnicas de relaxamento, como meditação e respiração profunda, pode reduzir o estresse e melhorar o bem-estar geral.

Manter práticas de autocuidado é essencial para o sucesso de qualquer empreendedor. Exercícios físicos regulares, uma alimentação balanceada e momentos de descanso contribuem para uma saúde robusta, permitindo enfrentar os desafios diários com energia e foco.

Equilíbrio entre Vida Pessoal e Profissional

"O equilíbrio entre trabalho e vida pessoal é alcançado não ao equilibrar perfeitamente a quantidade de tempo

que se gasta em ambos, mas ao encontrar a paz em ambos." - Nigel Marsh

Equilibrar a vida pessoal e profissional é um desafio constante para muitos empreendedores. Estabelecer limites claros e reservar tempo para a família e amigos é essencial para evitar o esgotamento.

Delegar tarefas é uma prática fundamental para manter o equilíbrio. Confiar em uma equipe competente e distribuir responsabilidades permite que o empreendedor foque em tarefas estratégicas e tenha tempo para atividades pessoais. A delegação eficaz não só alivia a carga de trabalho, mas também promove um ambiente colaborativo e produtivo.

Planejar o tempo de forma eficiente é crucial para garantir que todas as áreas da vida recebam a atenção necessária. Utilizar ferramentas de gestão de tempo, como agendas e aplicativos de produtividade, ajuda a organizar as tarefas diárias e a reservar tempo para atividades pessoais. Estabelecer prioridades e criar uma rotina equilibrada são passos importantes para alcançar a harmonia entre trabalho e vida pessoal.

Garantir momentos de lazer e descanso na agenda é essencial para a saúde mental e emocional. Reservar tempo para hobbies, atividades recreativas e momentos com a família e amigos contribui para um bem-estar geral. Esses momentos de descontração ajudam a recarregar as energias e a manter a motivação e a criatividade no trabalho.

Equilibrar a vida pessoal e profissional é um desafio, mas é essencial para evitar o esgotamento e manter a motivação. Delegar tarefas, planejar o tempo de forma eficiente e garantir momentos de lazer e descanso são práticas que ajudam a alcançar um equilíbrio saudável e sustentável.

Gerenciamento do Estresse

"Não é o estresse que nos faz cair, mas como respondemos a ele." - Hans Selye

O estresse é uma parte inevitável da vida de um empreendedor, mas saber como gerenciá-lo é crucial para manter a saúde mental e física. Desenvolver técnicas eficazes de gerenciamento do estresse permite enfrentar situações difíceis com mais calma e clareza. Neste capítulo, vamos compartilhar métodos de gerenciamento do estresse, como a prática de meditação, a importância do sono adequado e a busca por atividades relaxantes. Discutir também como construir uma rede de suporte pode ser um grande aliado na gestão do estresse.

A prática de meditação é uma ferramenta poderosa para reduzir o estresse. Dedicar alguns minutos por dia à meditação ajuda a acalmar a mente, melhorar a concentração e reduzir a ansiedade. Técnicas de respiração profunda e mindfulness são métodos eficazes que podem ser incorporados facilmente na rotina diária.

O sono adequado é fundamental para a recuperação do corpo e da mente. Garantir um bom sono melhora o humor, aumenta a produtividade e fortalece o sistema imunológico. Criar uma rotina de sono regular e um ambiente propício para dormir bem são práticas importantes para a saúde.

Buscar atividades relaxantes, como hobbies e exercícios leves, ajuda a aliviar o estresse acumulado. Atividades como leitura, caminhadas, jardinagem ou praticar um esporte favorito são maneiras eficazes de relaxar e descontrair.

Construir uma rede de suporte é essencial para o gerenciamento do estresse. Contar com o apoio de amigos, familiares e colegas proporciona um ambiente de compreensão e encorajamento. Participar de grupos de apoio ou redes de networking também oferece oportunidades para compartilhar experiências e obter conselhos valiosos.

Gerenciar o estresse é crucial para manter a saúde mental e física como empreendedor. Práticas como meditação, sono adequado, atividades relaxantes e uma rede de suporte eficaz ajudam a enfrentar os desafios diários com mais calma e clareza.

Cuidar de si mesmo é essencial não só para a liderança eficaz, mas também para o sucesso e a sustentabilidade do negócio. Ao compartilhar práticas de autocuidado, estratégias para equilibrar a vida pessoal e profissional e métodos de gerenciamento do estresse, esperamos inspirar outros empreendedores a priorizarem sua saúde e bem-estar, garantindo assim que possam cuidar melhor do negócio e das pessoas ao seu redor.

CAPÍTULO 09

Superando Desafios e Adversidades

A jornada empreendedora está repleta de desafios e adversidades. Desde as dificuldades iniciais para financiar um negócio até os momentos de incerteza e obstáculos operacionais, cada desafio é uma oportunidade de crescimento e aprendizado. Quero compartilhar com você algumas das minhas histórias de superação e oferecer dicas práticas para enfrentar os desafios com resiliência e determinação.

"Adaptar-se às mudanças é a chave para a sobrevivência e o sucesso." - Desconhecido

Cada obstáculo enfrentado oferece uma chance de aprendizado. As dificuldades iniciais, como a busca por financiamento ou a superação de barreiras operacionais, moldam o caráter e a abordagem do empreendedor. Transformar desafios em oportunidades é essencial para o crescimento pessoal e profissional. Quando você se deparar com uma dificuldade, lembre-se de que ela é uma parte natural e importante da jornada empreendedora.

Superação

Minha trajetória como empreendedor não foi isenta de desafios. Desde o início, enfrentei inúmeros obstáculos que testaram minha determinação e resiliência. Por exemplo, quando decidi fundar a 131 CrossFit, encontrar uma forma de financiar o projeto foi um dos primeiros grandes desafios. As instituições financeiras muitas vezes não estão dispostas a investir em um negócio recém-estabelecido. Mas, em vez de desistir, precisamos usar a dificuldade como uma oportunidade para explorar diferentes formas e principalmente o empreendedor brasileiro precisa ser criativo.

Outra experiência desafiadora foi durante a fase de expansão da academia. Houve momentos em que a gestão operacional se tornou extremamente complexa, exigindo soluções rápidas e eficazes. Nesses momentos, a resiliência que desenvolvi na Polícia Militar foi crucial. Lembro-me de um período particularmente difícil em que enfrentamos problemas com a manutenção dos equipamentos. Em vez de deixar que isso nos atrasasse, implementei um rigoroso plano de manutenção preventiva, algo que aprendi durante meu tempo na PM.

Superar desafios e adversidades é uma parte fundamental da jornada empreendedora. Compartilhar essas histórias pessoais de superação mostra que, com determinação e resiliência, é possível transformar dificuldades em oportunidades de crescimento.

Estratégias para Lidar com Fracassos

"Fracasso é simplesmente a oportunidade de começar de novo, desta vez de forma mais inteligente." - Henry Ford

Fracassos são inevitáveis na jornada de qualquer empreendedor, mas a maneira como lidamos com eles determina nosso sucesso a longo prazo. Desenvolver estratégias para lidar com os fracassos, aprender com os erros e usar essas lições para melhorar continuamente é essencial. Aqui estão algumas estratégias que sempre me ajudaram:

1. Mantenha uma mentalidade positiva: Encarar os erros como oportunidades de aprendizado, em vez de falhas irreparáveis, ajuda a manter a motivação e a resiliência.

Quando algo dá errado, pergunte a si mesmo: "O que posso aprender com isso?" Essa mudança de perspectiva transforma o fracasso em um trampolim para o sucesso.

2. Busque feedback construtivo: Falar com mentores, colegas e até clientes pode fornecer insights valiosos sobre como melhorar. O feedback construtivo permite identificar áreas de melhoria e ajustar estratégias para evitar erros futuros.

3. Esteja disposto a mudar e se adaptar: Flexibilidade é crucial. Se algo não está funcionando, não tenha medo de ajustar seus planos e estratégias. Adaptação é a chave para superar obstáculos e alcançar o sucesso.

Lidar com fracassos de forma construtiva é fundamental para o sucesso a longo prazo. Manter uma mentalidade positiva, buscar feedback e ajustar estratégias são práticas que ajudam a transformar fracassos em oportunidades de aprendizado e crescimento.

Resiliência Desenvolvida na Polícia Militar

"A resiliência é aceitar a nova realidade, mesmo que ela seja menos boa do que a que você tinha antes." - Elizabeth Edwards

A minha experiência na Polícia Militar foi fundamental para desenvolver a resiliência necessária na vida empreendedora. A disciplina, a capacidade de adaptação e a força mental adquiridas durante o tempo na PM foram cruciais para enfrentar os desafios do mundo dos negócios. Desde os primeiros dias de treinamento, a disciplina aprendida moldou minha capacidade de manter a calma sob pressão e encontrar soluções criativas para problemas complexos.

Na PM, a resiliência é testada diariamente. Uma vez, durante um exercício de treinamento, enfrentamos condições extremamente adversas. Estávamos exaustos, mas tínhamos que continuar. Lembro-me de pensar que, se pudesse superar aquele momento, poderia superar qualquer coisa. Essa mentalidade me acompanhou ao longo da minha carreira e foi transferida para minha vida empreendedora. Aprendi que a capacidade de seguir um plano, mesmo diante de adversidades, é vital para o sucesso.

Na gestão de um negócio, a adaptação às mudanças e a mentalidade de resolver problemas sob pressão são habilidades transferíveis que beneficiam a administração de uma empresa. Essa resiliência desenvolvida me permitiu enfrentar desafios com confiança e eficácia.

Quero inspirar você a persistir em seus sonhos, independentemente dos obstáculos. Lembre-se, você não precisa ter tido uma experiência na polícia para desenvolver disciplina e resiliência. Com dedicação e esforço, você pode cultivar essas qualidades. A capacidade de enfrentar e superar desafios é o que nos fortalece e nos prepara para o sucesso, transformando cada dificuldade em uma oportunidade de crescimento e aprendizado.

CAPÍTULO 10

Visão de Futuro e Expansão

FERNANDO DE ALMEIDA SANTOS

Ter uma visão de longo prazo é fundamental para qualquer negócio que deseja crescer e se manter relevante ao longo dos anos. Para a 131 CrossFit, nossa visão sempre foi expandir além das fronteiras locais e impactar a vida de pessoas em uma escala maior. Desde o início, sonhei em levar nossa metodologia e cultura para novos mercados, proporcionando um ambiente de treino de alta qualidade onde quer que fôssemos.

"A melhor maneira de prever o futuro é criá-lo." - Peter Drucker

Quando você define uma visão clara, ela se torna o norte que guia suas ações e decisões diárias. É importante estabelecer metas ambiciosas e detalhadas, que desafiem sua equipe a alcançar novos patamares. A visão de longo prazo deve ser inspiradora, mas também prática, permitindo que todos na organização saibam exatamente o que estão trabalhando para alcançar. Isso não só motiva, mas também alinha todos em torno de um objetivo comum.

Ao planejar a expansão da 131 CrossFit, consideramos diversos fatores como a demanda do mercado, a capacidade de replicar nosso modelo de sucesso e a identificação de áreas geográficas estratégicas para crescimento. Ter uma visão de longo prazo nos ajudou a mapear nosso caminho e garantir que cada passo nos levasse mais perto de nossos objetivos.

Expansão Internacional

"Se seus sonhos não te assustam, eles não são grandes o suficiente." - Ellen Johnson Sirleaf

Expandir internacionalmente é um passo audacioso e emocionante. Levar a 131 CrossFit para os Estados Unidos representa uma oportunidade incrível para replicar nosso sucesso em um novo mercado e levar nossa marca para um público ainda maior. A preparação para essa expansão envolve uma análise de mercado detalhada, identificando as necessidades e preferências dos clientes locais e ajustando nossas ofertas para atender a essas demandas.

Para qualquer empreendedor, entrar em um mercado internacional exige adaptações e uma compreensão profunda das diferenças culturais e econômicas. Isso pode significar ajustar os programas de treinamento, adaptar estratégias de marketing ou até mesmo modificar a estrutura operacional para melhor atender às expectativas dos novos clientes. Desafios como a conformidade com regulamentos locais e a construção de uma nova rede de fornecedores são comuns, mas podem ser superados com planejamento estratégico e resiliência.

Além disso, a expansão internacional nos força a inovar e melhorar continuamente nossos serviços. A concorrência em novos mercados é uma excelente motivadora para manter a excelência e buscar constantemente maneiras de nos diferenciar. Essa mentalidade de melhoria contínua é vital para o sucesso em qualquer novo empreendimento.

Conselhos para Escalar um Negócio

"O sucesso geralmente vem para aqueles que estão ocupados demais para procurá-lo." - Henry David Thoreau

Escalar um negócio é um processo desafiador, mas extremamente gratificante. Requer um planejamento meticuloso, adaptação contínua e a capacidade de identificar e aproveitar novas oportunidades. Com base na minha experiência na 131 CrossFit, aqui estão alguns conselhos práticos para escalar um negócio de forma eficaz:

1. Investir em Infraestrutura: Garanta que sua infraestrutura possa suportar o crescimento. Isso inclui tecnologia, sistemas de gestão e instalações físicas adequadas.

2. Desenvolver uma Equipe Forte: Recrute e retenha talentos que compartilhem sua visão. Invista no treinamento e desenvolvimento contínuo de sua equipe para garantir que eles estejam preparados para crescer junto com a empresa.

3. Implementar Sistemas e Processos: Automatize onde for possível e estabeleça processos claros para todas as operações. Isso não só aumenta a eficiência, mas também permite que a empresa funcione sem a necessidade de supervisão constante.

4. Permanecer Ágil: Esteja sempre aberto a inovações e adaptações. O mercado está em constante mudança, e a capacidade de se adaptar rapidamente às novas condições é crucial.

5. Buscar Feedback: Ouça seus clientes e sua equipe. O feedback contínuo é uma ferramenta poderosa para identificar áreas de melhoria e ajustar suas estratégias de crescimento.

Compartilhando minha visão de longo prazo para a 131 CrossFit, os planos de expansão internacional e conselhos sobre como escalar um negócio, espero inspirar outros empreendedores a pensar grande e perseguir seus objetivos com determinação e estratégia. Ter uma visão de futuro não só orienta o crescimento, mas também abre portas para novas oportunidades e um impacto ainda maior.

CONLUSÃO

Ao longo deste livro, discutimos a importância vital do empreendedorismo no setor de fitness e bem-estar. Acredito firmemente que este setor oferece oportunidades únicas para transformar vidas e promover saúde e felicidade. Reafirmo que o empreendedorismo é uma força poderosa para a mudança, tanto pessoal quanto social. O impacto positivo que podemos ter através de nossos negócios é imenso e gratificante. Como empreendedores no setor de fitness, temos a capacidade de melhorar a qualidade de vida das pessoas, incentivando hábitos saudáveis e uma vida ativa.

"Empreendedorismo não é sobre ideias. É sobre fazer as ideias acontecerem." - Scott Belsky

Incentivando a Seguir Paixões e Aprender Continuamente

"O sucesso não é o final, o fracasso não é fatal: é a coragem de continuar que conta." - Winston Churchill

Incentivo cada leitor a seguir suas paixões com determinação. Encontrar algo que você ama e se dedicar a isso é a chave para uma vida satisfatória e bem-sucedida. Além disso, o aprendizado contínuo é crucial. Nunca pare de buscar conhecimento, aprimorar suas habilidades e adaptar-se às mudanças. O caminho do empreendedorismo é repleto de desafios, mas cada obstáculo é uma oportunidade de crescimento e aprendizado. É essa busca incessante por conhecimento e aperfeiçoamento que nos permite inovar e superar as adversidades do mercado.

Transformando Vidas e Alcançando o Sucesso

"O sucesso é a soma de pequenos esforços repetidos dia após dia." - Robert Collier

Com determinação e uma visão clara, é possível transformar vidas e alcançar o sucesso. Minha própria jornada é um testemunho disso. Ao seguir nossas paixões, planejar estrategicamente e enfrentar desafios com resiliência, podemos criar negócios que não apenas prosperam, mas também fazem a diferença na vida das pessoas. Acredite no seu potencial e no impacto positivo que você pode ter no mundo. O sucesso é uma jornada contínua, construída dia após dia com esforço, dedicação e visão. É importante lembrar que cada pequeno passo dado na direção certa contribui para um futuro mais promissor e gratificante.

Este livro é uma celebração do espírito empreendedor e um guia para aqueles que desejam fazer a diferença no setor de fitness e bem-estar. Espero que as histórias, lições e estratégias compartilhadas aqui inspirem você a seguir seus sonhos, aprender continuamente e criar um impacto positivo no mundo. Com paixão, planejamento e perseverança, qualquer coisa é possível. Lembre-se sempre de que o empreendedorismo é uma jornada, e cada dia traz uma nova oportunidade para crescer, inovar e transformar vidas. Ao final, o sucesso não é apenas medido pelo sucesso financeiro, mas pelo impacto positivo que causamos na vida das pessoas ao nosso redor.

www.ingramcontent.com/pod-product-compliance
Lightning Source LLC
Chambersburg PA
CBHW020434220526
45464CB00002B/706